A. BUÉ

LA MAIN

DU

GÉNÉRAL BOULANGER

SA PRÉDESTINATION

Avec Portrait, Figures kabbalistiques et Tableau symbolique de l'Horoscope

PRÉFACE

DE THÉODORE CAHU (THÉO-CRITT)

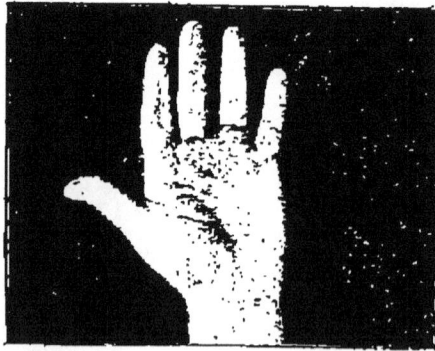

PARIS

E. DENTU, ÉDITEUR

ΛIRE DE LA SOCIÉTÉ DES GENS DE LETTRES

3, PLACE DE VALOIS, PALAIS-ROYAL

1889

LA MAIN

DU

GÉNÉRAL BOULANGER

A. BUÉ

—

LA MAIN

DU

GÉNÉRAL BOULANGER

SA PRÉDESTINATION·

AVEC PORTRAIT

FIGURES KABBALISTIQUES ET TABLEAU SYMBOLIQUE DE L'HOROSCOPE

PRÉFACE DE THÉODORE CAHU (THÉO-CRITT)

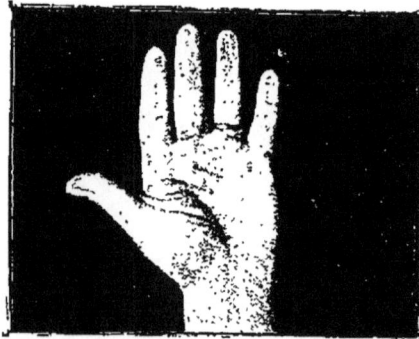

PARIS

E. DENTU, ÉDITEUR

LIBRAIRE DE LA SOCIÉTÉ DES GENS DE LETTRES

3. PLACE DE VALOIS, PALAIS-ROYAL

—

1889

DU MÊME AUTEUR

La Main. — *Essai physiologique et psychologique.* — E. Barassé, éditeur. Angers, 1871.

Le Nez. — *L'être dévoilé par sa forme.* — E. Barassé, éditeur. Angers, 1872.

La Vie et la Santé. — *Cures par le magnétisme.* — A. Ghio, éditeur. Paris, 1882.

PRÉFACE

— Est-ce que vous croyez à cela? nous demanda le général lorsque nous allâmes, mon ami Bué et moi, lui porter cette étude faite sur sa main et ce travail kabbalistique si curieux duquel se dégage une prophétie glorieuse pour le chef du parti national.

— Si j'y crois ! s'écria Bué. J'y crois comme au jour qui nous éclaire ! La chiromancie est une science infaillible, quand elle est pratiquée loyalement et sérieusement.

— Eh bien ! reprit le général en souriant, ne vous fâchez pas de mon manque de foi. Je doute.

Cependant je suis tout disposé à croire, mais comme Thomas, après avoir vu et touché.

— Vous verrez et vous toucherez, mon général, car ma prophétie se réalisera; vous serez porté au pouvoir par la volonté populaire, d'ici là vous aurez à subir de nombreuses épreuves, vous serez en butte à la haine de vos ennemis ; mais dans mon étude faite avec la plus grande conscience, tout prouve votre prédestination absolue ; quoi que l'on dise, quoi que l'on fasse contre vous, rien n'arrêtera votre popularité, sans cesse grandissante.

— Quel orateur ! dis-je au général. Entendez-vous comme il parle bien. On croit entendre déjà les acclamations de la foule criant : Vive Boulanger ! devant le palais de l'Elysée. Son seul tort à mon avis c'est d'indiquer des dates aussi éloignées.

— Je n'ai personnellement rien indiqué, répondit vivement Bué ; je ne suis que l'interprète de la science ; j'ai traduit le langage des augures, j'ai déchiffré les signes de la main, j'ai contrôlé ensuite au moyen des lettres du nom et de la date de la naissance. Partout j'ai trouvé le même résultat. Loin de se contredire ou de se détruire, ces recherches se servent mutuellement de preuves et d'appui.

Et Bué nous parla de la chiromancie, des sciences occultes, des anciens kabbalistes, avec une ardeur, avec un enthousiasme, capables d'impressionner et de séduire.

Malgré ce feu sacré, le général eut un sourire. Il restait sceptique. La science occulte lui semblait moins digne de foi que le million d'électeurs ayant mis son nom dans l'urne.

Moi?.. J'ai éprouvé une telle désillusion, mes croyances naïves, puisées dans mes études classiques, ont reçu un tel accroc lorsque j'ai vu au musée pompéien de Naples et au temple même de Pompéi les statues creuses, dans lesquelles les prêtres rendaient les oracles, que malgré tout mon bon vouloir, je ne crois plus guère aux prophéties qu'après leur accomplissement; d'ailleurs mon opinion importe peu

en la circonstance, on va lire le travail de Bué.
Si ses prédictions se réalisent, l'auteur pas-
sera à la postérité ; et cette petite brochure en-
trera dans l'histoire comme la fameuse prophétie de Cazotte inventée par La Harpe, ou mieux
encore, puisque celle-là fut faite après coup,
comme les prédictions rappelées par Bué :
celle faite à Catherine de Médicis par un astrologue italien, les oracles formulés par Ruggieri sur Henri III, Henri IV et Louis XIII, les
étonnantes prophéties que Pierre Le Clerc
fit à Philippe-Egalité, à Charlotte Corday et au
général Bonaparte.

Et puis, il y a aujourd'hui un grand nombre de personnes qui s'occupent de chiromancie. A la suite de mon article dans le *Figaro*
sur « La main du général », j'ai reçu plusieurs
centaines de lettres me demandant l'adresse
du devin. De grands esprits s'intéressent à cette
science et Alexandre Dumas ne craint pas
d'écrire :

« Pour en arriver, en cette matière, aux

convictions et aux certitudes où je suis maintenant, j'ai longtemps et patiemment étudié
une main que j'avais toujours à ma disposition, la mienne, et j'ai cherché les corrélations
possibles entre la forme de ma main et les mouvements de mon être intérieur. *Elles me sont
devenues évidentes.* »

Bué ne dit pas autre chose. Selon sa
méthode, rien n'est dû au hasard qui n'existe
pas. Tout agit, se meut, se développe et s'explique suivant des lois naturelles.

Bué n'est pas un illuminé. C'est un convaincu.
Il ne fait pas métier de son savoir, il ne vend
pas ses découvertes. Il travaille, et ce travail
le passionne, cela lui suffit.

Cette passion ne date pas d'hier. Jeune
encore, ayant le numéro un pour passer chef
d'escadrons, il quitta l'armée pour se livrer
entièrement à ses études favorites.

Mais il est temps que je dise ce qui donna
lieu à cette étude sur la main du général.

L'année dernière au *Figaro* nous causions chiromancie. Le nom de Bué fut prononcé. On parla de ses succès en magnétisme, de ses connaissances dans les sciences occultes, de ses nombreux travaux en chiromancie. Quelqu'un affirma que s'étant livré depuis plus de vingt ans à l'étude approfondie de la vieille science hermétique, Bué faisait de surprenantes applications de la force vitale à la guérison de maladies réputées incurables par d'illustres médecins.

— En effet, il est vrai que Bué traite ses malades sans les endormir, au moyen de passes magnétiques et de simples impositions des mains. — Jamais, dit-il, un médecin ne franchira comme docteur le seuil de sa porte. Grâce à sa méthode particulière, il assure que tous les siens seront toujours en parfaite santé ; je n'apprécie pas, je cite simplement son opinion.

Et l'on raconta ensuite, ce que je savais, qu'au mois de décembre 1868, se trouvant un soir chez l'Empereur, au palais de Compiègne, avec le comte de La Ferrière, le baron Lambert, M. de Soubeyran, Bartholdi, la duchesse d'El-chingen et la marquise de Canisy, M. Bué lut dans la main du comte de Ligniville, aide de camp du Prince impérial, et lui fit de tristes prédictions qui, hélas! se réalisèrent de point en point.

Quelques jours après cette causerie au *Figaro*, un ami envoya à Bué la photographie d'une main, en le priant d'en faire l'étude. Il y avait des paris engagés. Mon ami demandait au devin de trouver dans cette main le caractère, l'âge, les aptitudes, la santé, la pensée et l'avenir de la personne à laquelle elle appar-tenait.

La proposition parut originale au chiro-mancien. Il coiffa son bonnet pointu, se mit à l'œuvre et remit, le 6 mai, au *Figaro*, la solu-tion demandée. Mais il avait frappé si juste, son travail était d'une telle netteté et d'une telle précision que nous crûmes au moins à une indiscrétion.

La main était celle de Camille Flammarion, et le célèbre astronome était si bien décrit dans toute son individualité, son caractère, ses goûts, ses aptitudes, ses habitudes étaient si bien indiquées, que lui-même n'aurait pas su ou voulu se détailler aussi exactement.

Nous résolûmes de tenter une autre épreuve plus décisive.

A quelque temps de là, Flammarion dînait chez moi avec quelques amis, que je ne nommerai pas, afin de leur éviter des ennuis, car à l'heure actuelle et avec un semblable gouvernement on peut tout craindre, il faut tout prévoir et l'on ne doit s'étonner d'aucune vilenie. Flammarion étant toujours dans le ciel n'a rien à redouter de ce qui se passe sur la Terre et des hommes qui l'enlaidissent.

Le général Boulanger m'avait fait l'honneur d'accepter mon invitation. Flammarion raconta son aventure et nous décidâmes le général à faire photographier sa main.

J'allai avec lui chez Benque, le photographe

qui a le mieux réussi ses portraits en militaire et en civil. Il photographia les deux mains du général ainsi que plusieurs autres mains. J'envoyai... les autres au Maître en Chiromancie en lui disant : — L'une des mains est celle du général, devinez et prédisez.

— Nenni ! me répondit-on huit jours après. La main du général n'est pas dans celles que vous m'avez envoyées. Je suis plus fort que cela. Me prenez-vous pour un élève ?

J'adressai de nouveau trois mains au kabbaliste : celle du colonel B..., celle du général T..., et celle du général Boulanger.

La réponse ne se fit pas attendre. Le lendemain, Bué m'écrivait : — Cette fois, j'ai la main du général. Merci. Je vais me mettre à l'œuvre. Dans un mois le travail sera terminé.

C'est ce travail dont j'ai donné de courts extraits au *Figaro*, et qu'aujourd'hui je présente en son entier au lecteur.

Sans doute il y aura des sourires. Au bon

temps jadis, Bué et moi nous aurions été brûlés en place de grève, l'un comme sorcier, l'autre comme convaincu d'entretenir des relations avec un sorcier. Aujourd'hui nous courons un danger beaucoup moindre.

On peut se moquer de la prophétie et trouver sans intérêt la préface.

C'est le droit de chacun : seulement rira bien qui rira le dernier et quand le général Boulanger sera au pouvoir, quand le peuple souverain l'aura vengé des infamies commises à son égard par des politiciens aux abois, plus d'un sceptique actuel dira comme Bué :

— Je l'avais bien prédit.

En attendant et pour terminer cette préface je vous demande, Mesdames et charmantes lectrices, la permission de vous donner un conseil.

Avec un os, Cuvier reconstituait le mastodonte. Avec une main, la chiromancie explique le passé, raconte le présent et prédit l'avenir. Si vous m'en croyez, ne laissez ja-

mais lire dans votre main, quand même elle
serait toute mignonne, fine, potelée, char-
mante, ce qui assurément est le cas ! Non seulement on vous dirait votre âge et la date de
votre mort, mais on peut même y voir si vous
êtes amoureuse, quel est l'heureux mortel
distingué par vous et combien vous aurez
d'enfants. Les devins ne respectent rien, pas
même les secrets d'une jolie femme ! Con-
tez-les-moi plutôt ces secrets d'amour, je jure
de les respecter.

THÉODORE CAHU.

(*Théo-Critt*)

Ce travail, texte et dessins, exécuté par l'auteur en décembre et janvier, est la reproduction exacte et fidèle du manuscrit remis au Général le 9 mars dernier ;

En le laissant dans sa forme première l'auteur a pensé lui conserver ainsi toute son originalité.

La reproduction du texte est autorisée, mais la reproduction des dessins est absolument interdite.

(Note de l'Editeur.)

LA MAIN

CHAPITRE PREMIER

EXPOSÉ DE MA MÉTHODE D'INTERPRÉTATION
PAR LA MUSIQUE

Quelques Explications Préliminaires

Faisant partir les sciences d'un même point et les ramenant à un centre commun, je les considère toutes comme les modifications parallèles d'un fait unique « le Mouvement ».

Le mouvement est cet agent universel, un et uniforme dans sa nature, promoteur de la variété infinie des phénomènes et des catégories Physiques, qui produit toutes les combinaisons et permutations que nous observons autour de nous.

En étudiant donc attentivement le chemin que

1

cette force mystérieuse intelligente et libre suit en montant du minéral au végétal, du végétal à l'animal, et de l'animal à l'homme, depuis la simple agrégation du cristal jusqu'à la sublime organisation de l'idée, je prétends qu'on doit pouvoir interpréter toutes les harmonies de la nature.

Philosophie du mouvement, analogie des sciences, telle est, selon moi, la clef de tout!

Dans ses différents états de tension, de condensation ou de dilatation, dans ses antagonismes et ses groupes contrastés, dans ses limitations et ses résistances, dans ses épanouissements sériels infinis, le mouvement engendre toutes les formes (1).

Chaque corps est une tonalisation du mouvement, c'est-à-dire un point d'équilibre ou vient se régler le jeu d'une série ou de plusieurs séries, jointes ensemble.

L'homme, lui-même, placé au sommet de la hiérarchie tensionnelle du mouvement, n'est pas autre chose qu'un clavier passionnel d'où sortent les cacophonies les plus discordantes ou les harmonies les plus sublimes selon la puissance qui conduit les touches, la *volonté équilibrée!*

Les Idiosynchrasies et les tempéraments s'étendent sériellement à l'infini comme les ondes sono-

1. *Chimie nouvelle.* Louis Lucas, Paris 1854.

res et calorifiques ou comme les rayons colorés du spectre optique.

Tout, dans la nature, gravite du *rouge* au *violet*, en passant par le *jaune*, le *vert* et le *bleu*, ou du *do* au *si* en passant par le *mi*, le *fa* et le *sol*, c'est-à-dire de la contraction à la distension, de la violence à la mollesse, de l'ardeur à l'indolence, en passant par tous les états physiologiques et psychologiques intermédiaires.

Les adeptes de la science hermétique, hiérarchisant toutes les forces de la nature, son, électricité, chaleur, lumière, magnétisme, affinités, qui ne sont en réalité qu'une seule et même puissance, renfermaient ces forces sous la règle dominante de sept degrés, auxquels ils avaient donné le nom des sept planètes.

Ce fameux septenaire symbolique, clef majeure de tous les arcanes et de toutes les séries, tout harmonique équilibré, représentait en quelque sorte la synthèse philosophique dans la quelle venaient se fondre et s'unifier tous les épanouissements sériels de la *Force-principe*, ramenant ainsi tous les phénomènes de l'univers, aussi bien ceux du *Monde intellectuel* et du *Monde moral* que ceux du *Monde physique*, à l'unité synthétique qui donne à la science occulte, si méconnue, cette admirable puissance de logique que l'analyse et la

manie des spécialisations enlèvent à notre science
moderne.

Aussi grâce à la corrélation intime et à l'analogie qui existent entre tous les degrés des innom-
brables épanouissements sériels, suffit-il à l'*Initié*
de connaître deux ou plusieurs termes d'une caté-
gorie pour connaître et les termes de cette caté-
gorie, et ceux des catégories parallèles, et aussi
l'unité synthétique qui unit en un même faisceau
tous ces termes et ces catégories ensemble ; de
même qu'il suffit au mathématicien de connaître
deux termes d'une progression périodique pour
établir sans hésitation la progression entière et sa
raison arithmétique.

Ce sont ces raisonnements et ces principes qui
m'ont conduit au choix de la méhode que j'em-
ploie et qui consiste en ceci :

Rechercher tout d'abord par l'examen attentif
des lignes et des caractères généraux de la main à
quelle harmonie sérielle synthétique peut se rattacher l'invidualité qu'on veut déchiffrer ; rapporter
ensuite ces données à l'une des séries les mieux
connues en physique, la série *acoustique*, par
exemple ; examiner toutes les combinaisons qui
peuvent naître du mécanisme de la tonalité musicale mise en jeu, et tirer de l'interprétation philosophique de ces combinaisons les analogies phy-

siques, physiologiques, et psychiques qui leur répondent.

En un mot toute l'opération consiste à trouver le type harmonique du sujet et à l'expliquer ensuite par le mécanisme de la tonalité musicale à laquelle ce type harmonique correspond.

Recherche de la Tonalité.

Les anciens donnaient aux degrés du septenaire philosophique, clef majeure de tous les arcanes et de toutes les séries, les noms des sept planètes :

Jupiter (♃), Saturne (♄), le soleil (☉), Mercure (☿), Mars (♂), la lune (☾), et Vénus (♀), rubriques symboliques sous lesquelles tout venait se classer ; c'est ce qu'on appelait les *Signatures astrales.*

Le premier point de toute opération divinatoire consiste donc à rattacher la personnalité qu'on veut analyser aux degrés de cette hiérarchie.

L'examen de votre main va nous fournir les indications nécessaires :

La main est petite, l'attache du poignet fine ; les doigts et la paume sont dans de justes proportions, c'est-à-dire que les doigts ne sont ni trop longs ni trop courts ; ils sont lisses et carrés ; les phalanges sont égales entre elles ;

Le pouce moyen, est modérément renversé ;

L'annulaire, ou doigt du Soleil, présente cette particularité remarquable qu'il est presqu'aussi grand que le médius et beaucoup plus grand que l'index ; il dépasse donc les proportions normales.

La ligne dite du Soleil est longue et belle dans les deux mains.

Enfin les monts ou reliefs de la paume sont dans un rapport de développement à peu près égal.

Ces signes, à n'en pas douter, nous démontrent que nous nous trouvons ici en présence du type équilibré que les Chiromanciens attribuaient à l'influence solaire.

Votre main porte l'empreinte de la signature astrale solaire, autrement dit : le Soleil est votre *Tonique.*

C'est ce degré du septenaire philosophique qui vous définit et vous caractérise ; et si, conformément à la règle indiquée plus haut, nous rapportons cette donnée à la série acoustique qui doit servir de base à nos interprétations analytiques, comme l'analogie préétablie entre la série philoso-

phique et la série acoustique nous fait connaître
que :

♃	Jupiter	= *do.*
♂	Mars	= *ré.*
☉	Le Soleil	= *mi.*
☾	La Lune	= *fa.*
♀	Vénus	= *sol.*
☿	Mercure	= *la.*
♄	Saturne	= *si.*

Nous disons que le ton de *mi* est la caractéristique de votre tonalité.

Mais ce n'est pas tout, il nous faut déterminer si
vous appartenez au mode majeur ou mineur; car
tout dans la nature subit l'activité ou la passivité,
ces deux états particuliers du mouvement ; tout
est *mâle* ou *femelle*, la tonalité musicale comme la
main.

La main est mâle quand il y a prédominance de
la partie supérieure sur la partie inférieure de la
paume, quand le Nord l'emporte sur le Sud; or,
dans le cas présent les monts de Jupiter (♃), de
Saturne (♄), du Soleil (☉) et de Mercure (☿), qui
représentent la partie nord, sont fortement ondulés,
tourmentés et rayés de nombreuses lignes, tandis que la partie sud, les monts de Vénus (♀) et de

la Lune (☾), est relativement unie et calme; c'est l'indice que l'activité du mouvement vital se porte de préférence vers les monts supérieurs de la paume et que le principe actif domine le principe passif.

Votre main est mâle et vous appartenez sans conteste au mode majeur.

Nous pouvons donc dès maintenant représenter votre individualité par la gamme majeure de *mi* qui, traduite en langage symbolique au moyen des signes conventionnels employés par les anciens Kabbalistes, donne le schéma suivant, véritable fil d'Ariane qui servira à nous guider dans nos recherches et nos interprétations.

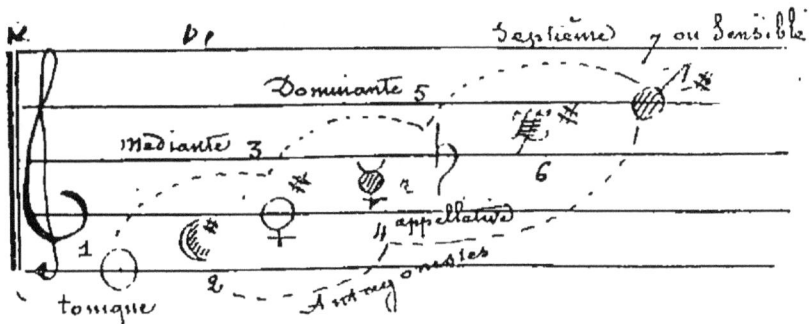

En effet, en décomposant cette figure en accords et renversements d'accords et en faisant jouer toutes les combinaisons de la gamme majeure de *mi*, nous pourrons juger de tous les équilibres et de tous les antagonismes qui naissent de ces combinaisons et nous nous rendrons ainsi un compte bien plus exact des signes exprimés par les lignes et les reliefs de la main.

Mais je n'entrerai pas dans des détails qui viendraient inutilement surcharger une exposition déjà trop longue, et me basant sur ce principe que le nombre 3, qui représente *la tierce* ou *l'accord* en musique, a également pour signe figuratif le Triangle, je me bornerai à décomposer la gamme majeure de *mi* en ses deux accords principaux :

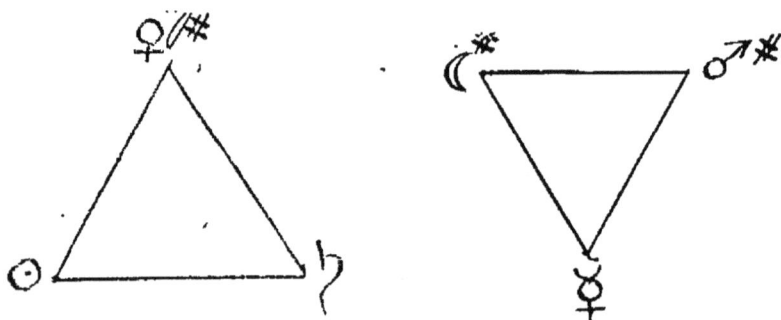

L'accord de tonique ou *de repos* : *mi, sol , si* ou ⊙ Soleil, ♀ ♯ Vénus, et ♄ Saturne, qui contient les éléments *composites* de la gamme ; et *l'accord de transition* ou de *mouvement* : *fa♯, la, ré♯,* ou ☽♯ Lune, ☿ Mercure et ♂♯ Mars, qui contient ses Éléments *opposites* ou antagonistes ; et expri-

mant ces deux accords par deux triangles à sommets opposés, je trace l'étoile à six pointes suivante

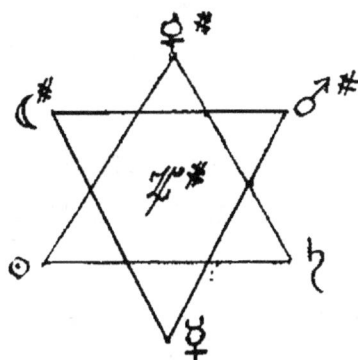

qui est l'image de votre tonalité sous la forme kabbalistique, car pour les anciens le *Senaire* était le
monbre de l'*Initiation* par l'*Épreuve*, et l'étoile
formée de l'opposition de deux triangles représentait
l'union du *Céleste* et du *Terrestre*, du *Bien* et du
Mal, de la *Lumière* et de l'*Ombre*.

Type de la lutte qui existe entre la *Liberté* et la
Nécessité, l'étoile à six pointes, pantacle mystique,
rappelle à l'Initié la juste pondération qu'il doit
chercher à maintenir entre son *libre arbitre* et la
Destinée, entre sa *conscience* et ses *actes*.

*Premières déductions que l'on peut tirer
de la détermination de la Tonalité.*

Mais hâtons-nous de quitter le terrain ingrat de l'abstraction et arrivons à l'application de nos principes.

D'après votre main, la caractéristique de votre tonalité est, avons-nous dit, la gamme majeure de *mi.*

Or, le ton majeur de *mi*, en musique, est le ton des brillantes fanfares qui réveillent de joyeux échos ; ses modulations éclatantes nous rappellent le rythme plein de brio et d'entrain de ces gais et patriotiques refrains devenus si populaires : « *Les Pioupious d'Auvergne* » et « *En revenant de la Revue* ».

Mi est le ton vibrant et clair de la trompette si différent de celui du clairon dont le son rauque et poignant pleure en *si bémol* et des larmes et du sang !

La voix dure et brutale du clairon commande le carnage ; elle domine les fracas du combat aussi bien dans la défaite que dans la victoire, pour la retraite comme pour l'attaque ; tandis que la trompette, signal de rénovation, ressuscite les morts et célèbre la gloire ; la trompette, c'est la grande et

puissante voix de la Renommée portant aux quatre
points cardinaux le nom du triomphateur !

Votre *Tonique* est le Soleil (☉), l'astre brillant
du jour !

« Or le Soleil (☉), au dire des Kabbalistes, a
« une personnalité bien tranchée ; il n'attend pas
« d'être jugé par les autres, il se juge lui-même.

« Il n'aime pas les bavards impuissants, il refuse
« leurs avances et ne s'appuie sur aucune coterie.

« Modeste vis-à-vis de tous, il est d'un orgueil
« immense en lui-même ; il ne cherche pas à bril-
« ler dans un petit cercle, il s'adresse au monde
« entier, il veut la réputation universelle obtenue
« par son propre mérite.

« Il est clair et simple ; il poursuit avec persé-
« vérance le succès qu'il espère avec conviction.

« Il a en lui la tolérance, le calme de l'âme, la
« foi en ses propres forces et l'espérance !

« Tout ce qui brille ou fait briller va au Soleil
« et est son lot ! (1) »

Votre *Dominante*, c'est-à-dire le point culminant
où viennent se fondre et s'absorber toutes les
harmoniques de votre *Tonalité*, est Saturne (♄), la
Fatalité, qui domine tous vos actes, et vous tient
sous sa dépendance absolue ; vous ne vous appar-

---

1. *Révélations complètes*, Desbarolles, page 389.

tenez pas. Ce sont les événements qui vous poussent !

Votre *Sensible*, c'est-à-dire la note qui ferme le cercle de votre *Tonalité* en la ramenant au point de départ la *Tonique*, est Mars (♂♯), le Dieu des combats ; la lutte, dans laquelle on puise la force d'âme qui dompte et s'impose, ou la violence qui divise et opprime !

Mars tient en ses flancs le feu qui consume ou purifie ; mais on ne peut rien sans lui, car c'est Mars qui donne l'énergie de l'action indispensable au succès.

Mars (♂♯) influencé par Saturne (♄) votre *Dominante*, aurait certaines tendances à vous donner le mépris du *qu'en dira-t-on* et du danger qui pousse l'audace jusqu'à la témérité, si le Soleil (☉), votre *Tonique*, que les anciens considéraient comme le plus sérieux antagoniste de Mars, en vous apportant sa lumineuse logique, ne venait retenir dans le calme rayonnement de sa toute-puissance équilibrante, votre *Sensible* trop exaltée !

Si enfin nous jetons un coup d'œil sur l'étoile à six pointes qui résume symboliquement votre *Tonalité*, nous trouvons dans cette figure une nouvelle confirmation de ce que nous avions lu dans votre main, et les trois angles supérieurs *diésés* en opposition avec les trois angles inférieurs qui ne le sont pas, affirment la prépondérance de l'*activité* sur la *passivité*, du mode *majeur* sur le mode *mineur*, et la tendance marquée à moduler en dehors de l'équilibre de la *Tonique* ; ce qui annonce beaucoup d'instabilité et une existence agitée, semée de luttes et d'imprévus dont le mobile dévoilé par la position de Jupiter (♃♯) au centre de la figure est... *l'ambition!...*

C'est également cette étoile à six pointes qui va nous servir de clef pour interpréter dans tous leurs détails les lignes et les caractères généraux de la main au point de vue physique, intellectuel et moral, de même que les faits et les événements de la vie.

CHAPITRE II

INTERPRÉTATION DES LIGNES DE LA MAIN.

_____

Au point de vue physique.

Dépeindre au physique un personnage tel que vous, ce n'est certainement pas faire acte de bien grande science, et à ce compte-là tout le monde pourrait se dire *passé maître* en l'art divinatoire.

Je ne l'essaierai donc pas et je me bornerai à transcrire simplement ici la description du Type Solaire telle qu'on la trouve dans tous les livres de Chiromancie.

Par les singuliers rapprochements qu'on peut faire entre votre silhouette bien connue et ce tableau, on peut se convaincre que vous êtes un des types solaires les mieux équilibrés. Voici cet extrait auquel je ne change rien (1) :

« Ceux qui sont placés sous l'influence solaire

1. *Mystères de la main*, Desbarolles, p. 449.

« sont généralement de taille moyenne ; ils sont
« beaux et bien faits.

« Le fond du teint uni et peu coloré est d'une
« nuance légèrement *citrine* assez comparable à
« celle du miel nouveau.

« La barbe est fournie et bien plantée.

« Les cheveux doux et fins, sont d'un blond
« châtain mêlé de reflets plus clairs.

« Le front est proéminent mais sans exagération,
« plutôt bas que trop élevé.

« Les yeux grands, brillants, élégants de forme,
« humides, ont une expression à la fois douce et
« sévère ; la prunelle en est brune.

« Les joues sont charnues et fermes.

« Le nez est droit, les sourcils longs et arqués
« suivent le contour des arcades sourcillières un
« peu proéminentes. La bouche est de moyenne
« grandeur, les lèvres bien égales.

« Les dents sont bien rangées, sans être d'une
« trop vive blancheur.

« La voix, sans être forte, est agréable et
« sonore.

« Le menton est rond et un peu saillant.

« Les oreilles de dimension moyenne, s'écartent
« un peu de la tête.

« Le cou est bien musclé sans que les muscles
« se trahissent au dehors.

« La poitrine est large et bombée sans exagé-
« ration.

« Le système pileux peu développé sur le corps
« et les membres ; les membres, plutôt en muscles
« qu'en graisse, sont longs et purs de forme ; les
« attaches fines ; les jambes bien faites mais relati-
« vement un peu minces du bas.

« La taille est svelte et bien cambrée.

« La démarche est à la fois noble, distinguée et
« gracieuse. »

Au point de vue intellectuel et moral.

Volonté ferme, résolue, allant au but avec une
persévérance sans égale ; pensée forte, vive, hardie
et ne connaissant pas d'obstacles ; caractère
opiniâtre aimant les luttes jusqu'à les provoquer
pour avoir le plaisir de les vaincre ; inflexibilité
que rien ne détourne du but ; obstination de l'idée
à son dernier degré ; telle est la caractéristique
bien nettement tranchée de votre individualité,
donnée non seulement par les lignes de la main,
mais aussi par les signes de l'écriture, de la phy-
siognomonie et par l'influence de la nativité qui
est placée sous le signe zodiacal du Taureau.

La volonté, puissamment équilibrée, est suffisamment armée pour résister à l'entraînenent des

passions et aux penchants impétueux de l'âme qui sont d'une violence extrême et qui, tout en donnant l'intrépidité et l'audace, ont une tendance à pousser à la témérité.

— Nature rayonnante, pleine d'ardeur, d'entrain, d'enthousiasme, de dévouement et de générosité, aimant à obliger, et libérale quelquefois jusqu'à la prodigalité.

— Beaucoup de discernement, de bienveillance et de rondeur, grande puissance de persuasion.

— Ame bien trempée contre les chocs de la fortune.

— Laborieux et patient.

— Hautes facultés de l'intelligence donnant des aptitudes particulières aux sciences exactes, aux mathématiques, à la législation, à la stratégie.

— Aptitudes très marquées au commandement, au gouvernement et à l'administration.

— Esprit supérieur aux conceptions larges.

— Lucidité d'esprit, grande clarté de jugement.

— Puissance d'analyse et d'observation, disposition remarquable à tout voir, diviser, classer, dénommer, et à saisir le plus petit détail *d'un seul coup d'œil;* attention, prévision, ordre, classement.

— Aptitude à distinguer les physionomies, les contours, les formes; à les juger rapidement et à les reconnaître plus tard.

— Mémoire fidèle des localités parcourues; sentiment de toute grandeur, étendue et distance.

— Perception et conception de l'ordre, du système, de la méthode et de l'arrangement des choses ; aversion pour tout ce qui en manque.

— Appréciation nette de la valeur du temps, du rythme, de la cadence, des évolutions stratégiques ; *ne remet jamais au lendemain.*

— Faculté instinctive de proportionner la force à la résistance qui donne le sentiment de l'équilibre, et rend adroit des mains et du corps dans tous les exercices du sport (équitation, armes, tir, etc...)

— Grande puissance d'assimilation ; conception rapide des événements et des choses dans le monde physique ; appréciation nette des faits.

— Style et langage pleins de mouvement, d'à-propos et de hardiesse.

— Esprit jovial et mordant, disposition naturelle à considérer les objets et les faits sous certains aspects particuliers, et à y trouver des rapports tout à fait spéciaux, ce qui permet de les présenter d'une façon originale.

— Cerveau hardi, *déductif-intuitif*, dans lequel la logique se mêle à l'idéalisme dans de justes proportions ; esprit pratique mais qui ne s'attarde pas à des réalisations stériles.

— Enfin avec un esprit fin, droit, et curieux,

avec une sensibilité mêlée de raideur, avec de l'enthousiasme mêlé de calme, votre nature, sous des apparences de rondeur, d'abandon et même d'effusion, est extrêmement difficile à pénétrer ; çar vous excellez dans l'art de vous maîtriser et de dominer vos impressions. Aussi rien ne peut mieux vous caractériser que ce dicton italien : « *Volto sciolto con pensieri stretti !* » *Visage ouvert avec pensées fermées !*

Au point de vue du tempérament.

Le Soleil (☉) et Mercure (☿), en faisant prédominer les systèmes circulatoire et nerveux vous donnent le tempérament nervoso-sanguin équilibré.

Saturne (♄) et Vénus (♀) vous donnent une prédisposition aux affections du foie, de la vessie et des reins, et certaines tendances aux concrétions biliaires et aux calculs pierreux.

Le Taureau, signe zodiacal sous lequel est placée votre nativité, (29 avril 10° du Taureau) assure une immunité particulière aux organes de la gorge et des poumons et *les met à l'abri de tout accident mortel* par suite de l'influence spéciale que les anciens attribuaient à ce signe.

Au point de vue des affections, de la famille,
au mariage.

— Cœur chaud, aimant, dévoué, mais inconstant.

— La grâce, l'aménité, l'enjouement, le rayonnement sympathique qui émanent de tout mortel portant l'empreinte de la signature solaire, lui attirent de nombreuses amitiés, mais ces amitiés mâles ou féminines sont mobiles et changeantes.

Le Soleil d'ailleurs n'est jamais heureux dans ses affections ; il est faible pour ses amis et ses parents ; il est souvent la proie de ces derniers ; l'amitié des femmes lui est généralement funeste (1).

Si Apollon était le plus charmant des Dieux de l'Olympe, l'histoire rapporte qu'il fut aussi le plus malheureux des amants ; ses maîtresses fuient, meurent ou se transforment entre ses mains.

Donc tous les signes de ce côté sont des présages fâcheux :

— Chagrins et tribulations en ménage, ou se rattachant au mariage ; brouilles avec les enfants et les ascendants ; vicissitudes en amour.

— Deux mariages probables aussi mal assortis l'un que l'autre.

1. *Révélations complètes*, Desbarolles.

Au point de vue des luttes, des obstacles
et des inimitiés.

La vie *solaire* est houleuse et agitée, semée de péripéties, de luttes et d'imprudentes témérités (1).

Phaéton n'écoute pas les avis de son père et part en conduisant le char du Soleil ; inhabile à maîtriser les chevaux fougueux qui s'emportent, il sème partout sur son passage le trouble et le désordre ; Jupiter irrité lance ses foudres contre l'imprudent fils d'Apollon.

Je ne vois autour de vous que péripéties violentes, luttes, trahisons, fourberies, ennemis occultes ou déclarés, faux amis, beaucoup d'envieux ;

Alternatives de gains et de pertes, d'élévation et d'abaissement ; conflits armés, mouvements populaires, combats, périls, dangers de mort violente par armes blanches ou armes à feu.

Tout cela est écrit dans les nombreuses lignes qui sillonnent en tous sens les monts de Jupiter (♃), de Saturne (♄), du Soleil (☉) et de Mercure (☿). C'est écrit aussi dans la plaine de Mars et dans la Saturnienne qui s'élève de la Rascette, traverse toute la main en tronçons brisés plus ou moins profondément tracés, et vient se terminer sur Sa-

---

1. *Ibid.*, ibidem.

turne (♄) en s'enfonçant résolument dans la première jointure de ce doigt.

Que d'adresse et de diplomatie il vous faudra pour échapper à ces embûches, que de courage, de calme et de persévérance pour triompher de ces obstacles !

Heureusement pour vous le signe de Jupiter (♃♯) inscrit au centre pivotal de la figure kabbalistique — image de votre tonalité, représente, dans l'étoile à six pointes tracée plus haut, la puissance prépondérante qui vient équilibrer les autres influences planétaires.

De plus, l'année 1837 de votre naissance, ouvrant précisément le Cycle fatidique des ans placés sous la signe de Jupiter (♃), vous place sous la protection directe du maître des Dieux.

Plus favorisé, donc, que l'infortuné Phaéton, vous n'avez à redouter ni les colères ni les foudres de l'Olympe, et sagement inspiré par Mercure (☿), *poussé surtout par Saturne* (♄), *l'invincible Fatalité*, (qui, ne l'oublions pas, est votre Dominante), vous conduirez d'une main ferme et sûre le char du Soleil (☉) dans le sillon de lumière qui lui est normalement tracé par le Destin ; aucun obstacle ne pourra vous faire dévier de la route, vous triompherez des envieux et vous vaincrez vos ennemis !

Au point de vue des intérêts et de la situation.

Hautes ambitions satisfaites (Jupiter (♃) équilibré).

Gloire militaire et politique (Mars exalté (♂♯) *sensible* et Mercure (☿) *appellative*).

Grande renommée et faveurs populaires (Soleil (☉) *Tonique* et Lune exaltée (☾♯).

Excessive Fatalité dominant tous les actes et dirigeant le cours de la vie (Saturne, (♄) *Dominante*).

Tels sont les caractères saillants donnés par la gamme majeure de *mi* et par l'interprétation de la figure kabbalistique qui en dérive : l'étoile à six pointes.

Les lignes de la main, en apportant à ces caractères une confirmation nouvelle, viennent, par leur étrange singularité, leur donner une précision plus grande :

La ligne *Saturnienne*, dite *Ligne de Chance*, prend sa source, avons-nous dit, au bas de la paume, près de la *Rascette* et trace un sillon droit et profond jusqu'à la *Ligne de tête*, là sa marche devient hésitante et continue vers Saturne (♄) en formant des tronçons et des raccords irréguliers dont le dernier se couronne d'une étoile en s'enfonçant profondément dans la jointure du médius.

Ceci indique une grande chance, favorisée par le mérite personnel et par la fatalité, chance qu'un événement imprévu fait dévier vers l'âge de 50 ans

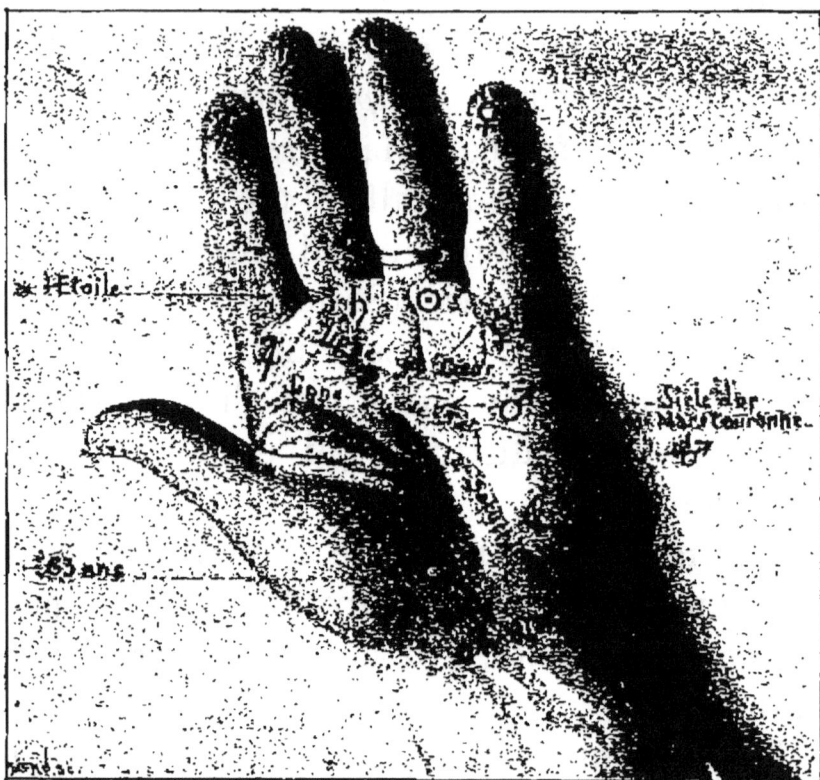

et qui reprend ensuite son cours au milieu de péripéties nombreuses et d'efforts répétés, pour être couronnée enfin par une haute élévation de fortune (l'Etoile).

D'autres signes particuliers, bien · autrement

2

intéressants à cause de leur extrême rareté, viennent confirmer ce pronostic :

De la Lune (☾) part une ligne qui coupe profondément la Plaine de Mars et vient rejoindre la
Saturnienne un peu avant que celle-ci ne touche la
Ligne de tête ; elle la double ensuite dans son par-
cours jusqu'à sa terminaison sur Saturne (♄).

Une seconde *Saturnienne* de ce genre, venant
renforcer ou doubler la première et *émanant de la
Lune*, (☾) est, au dire des Hermétistes, le signe évi-
dent d'une protection occulte mystérieuse ; l'heureux mortel, porteur de ce signe, peut non seulement aspirer à s'élever du rang le plus obscur aux
splendeurs de la plus haute fortune, mais, *en possession d'une sorte de pouvoir magique qui en lui
assurant les faveurs populaires lui met en mains
les fils invisibles qui remuent toute une société*,
il peut, inconscient des obstacles et du danger et
sans souci du lendemain, marcher droit devant lui,
armé d'une inaltérable foi en son étoile ; car ce
sont les événements qui le porteront vers le but.

La ligne *du Soleil*, qui, par un crochet, prend sa
source entre Mars (♂) et la Lune (☾), et s'élève
ensuite vers le Soleil (☉) où elle se termine en
trident, vient confirmer la certitude d'une grande
célébrité.

Mais le signe le plus caractéristique est une ligne

qui part de Mars (♂), vient établir une jonction entre le Soleil (☉) et Mars (♂) (la *Tonique* et la *Sensible*) et développe dans le quadrangle, précisément sous le soleil (☉), une grande étoile à plusieurs branches dont les rameaux rayonnent vers Jupiter (♃), le Soleil (☉), Mercure (☿), Saturne (♄) et la Lune (☾).

Ce signe fatidique, fort rarement constaté, correspond à l'un des arcanes mineurs les plus importants du Livre de Thot, *le Sicle d'or* (as de denier ou de treffle) ou *Mars couronné* —.

Pour les anciens Kabbalistes, *Mars couronné* ou le *Sicle d'or* était le vrai talisman de la réussite et de la fortune ; aussi l'oracle disait-il, à celui qui le portait tracé dans la main :

« Tu atteindras à une haute fortune, à la réputation, aux honneurs, si ta conduite est irréprochable et si tu n'entraves pas la puissance de ce talisman par des fautes personnelles? »

CHAPITRE III

PRONOSTICS ANNUELS

Tous les corps dans la nature évoluent sur des courbes de Révolution que la Destinée leur trace dans les champs de l'espace.

Mondes et Êtres obéissent à cette loi immuable! Et de même que la Terre, par exemple, est entraînée par une force mystérieuse sur la route de l'écliptique où elle passe et repasse successivement à périodes fixes, sur les mêmes points, de même l'Être vivant, obéissant à l'impulsion première donnée au germe par la fécondation, revient à époques fixes et périodiques sur les mêmes points de la courbe que la Destinée lui a tracée.

Les anciens tiraient de ces mouvements périodiques de révolution des pronostics qui ont été longuement interprétés dans les *Mathématiques Occultes* de Julius Firmicus Maternus et dans le *Speculum Astrologiæ* de *Junctin* d'où sont sorties les fameuses *Clefs de l'horoscope*, au moyen desquelles on peut étudier les chances heureuses ou

malheureuses qui favorisent, contrarient ou entra-
vent nos desseins.

C'est en me basant sur ces données, qui nous
viennent des Kabbalistes arabes et hébreux dont
Morin de Villefranche sous Louis XIII, Cagliostro
sous Louis XVI, et le bénédictin Pierre Le Clerc
sous le premier consul Bonaparte, furent les derniers disciples, que je vais essayer de pénétrer les
mystères de l'avenir et que je m'appliquerai à pré-
ciser la succession des événements indiqués dans
votre main de 1889 à 1894.

Je ne m'attarderai pas à vous initier aux procé-
dés kabbalistiques employés pour atteindre ce but
et je me bornerai simplement à transcrire ici la
réponse des oracles en laissant à ces derniers toute
la responsabilité de leurs dires.

Année 1889

L'année présente apparaît tout d'abord comme
une année exceptionnellement favorable à vos
entreprises; placée sous l'influence de Jupiter, ♃,
elle apportera un fort appoint à la constance de
vos efforts, à la confiance absolue que vous avez
en vos propres forces, et à votre initiative hardie.

Elle accroîtra considérablement votre influence,
votre situation et votre popularité.

De la combinaison des nombres sort l'arcane XIX .
(lettre Q nombre 100), symboliquement représenté par un Soleil radieux éclairant deux petits
enfants se tenant par la main au milieu d'un cercle
émaillé de fleurs (emblême
de l'innocence).

Cet arcane dit à l'Initié (1) :
« La Lumière des Mystères
est un fluide redoutable,
mis au service de la Vo-
lonté. Elle éclaire ceux qui
savent la diriger, elle foudroie ceux qui ignorent son
pouvoir ou qui en abusent.
Mesure donc bien tes actes
et ne te laisse pas éblouir
par les succès ! »

In hoc signo vinces : Tu
vaincras par ce signe et
contre ce signe (lettre Q).

Particularités. — Un décès favorisera l'accomplissement de vos projets. Tribulations en ménage,
chagrins de famille.

Toute favorable que paraît être l'année 1889, elle
n'amènera cependant pas en tous cas la réalisation

1. *Histoire de la Magie*, Christian.

complète de vos espérances; *elle ouvre au contraire une période fort difficile à traverser et qui exigera de vous beaucoup de prudence et de diplomatie.*

Année 1890.

L'année 1890, sous l'influence de Mars (σ), apparaît, en effet, comme une année de luttes et de dangers; de puissants ennemis, alliés contre vous, uniront tous leurs efforts pour vous compromettre et pour vous perdre; votre situation deviendra extrêmement critique.

L'arcane XI (lettres C. K., nombre 20) symboliquement représentée par une jeune fille muselant un lion, vous donne cependant l'espérance du triomphe en vous encourageant à la lutte, car voici ce que cet arcane dit à l'Initié :

« Avance avec foi, l'obstacle est un fantôme! pour *pouvoir* il faut *croire que l'on peut!* Pour

être fort il faut imposer silence aux dégoûts de l'esprit, et aux lassitudes du cœur ! Il faut étudier le *Devoir* qui est la règle du *Droit!* (1) »

Année 1891.

L'année 1891, sous l'influence de la Lune (☾), est encore une année de luttes, de péripéties, de déplacements, d'agitation, de dangers, de mouvements populaires.

Votre route sera semée de défections et de trahisons ; des amis de la veille deviendront vos ennemis et vous susciteront de graves embarras.

Vous courrez de sérieux dangers provenant d'ennemis *occultes et cachés*.

L'arcane XII (lettre L, nombre 30) qui symbolise *le Sacrifice*, vous dit : « Dévoue-toi, mais n'attends guère qu'ingratitude de la part des hommes ! tiens

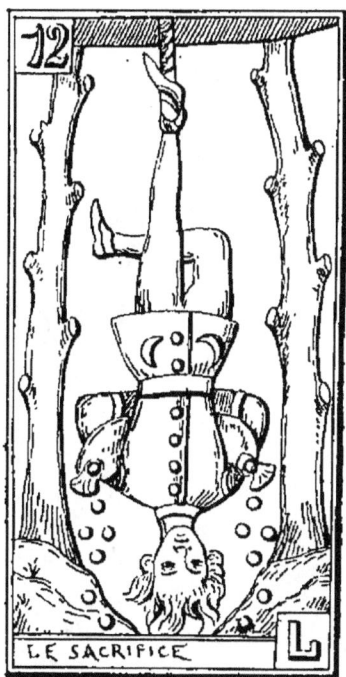

LE SACRIFICE

1. *Histoire de la Magie*, Christian.

ton âme toujours prête à rendre ses comptes à l'éternel, car *une mort imprévue et violente dresse ses pièges sur ton chemin!* » (1)

Année 1892.

Tout en vous élevant à un poste éminent et en vous comblant d'honneurs et de dignités, l'année 1892 est encore une année de tribulations, de luttes et d'efforts.

L'arcane XIII (Lettre **M**, nombre 40), symboliquement représenté par le *squelette faucheur* vous recommande d'élever votre esprit au delà des choses terrestres :

« Les ambitions sont fauchées comme l'herbe des prairies! Tout en ce monde est destruction et renaissance! La vie, les espérances s'effondrent ou renaissent aux caprices du temps.

Particularité. — Divorce ou veuvage.

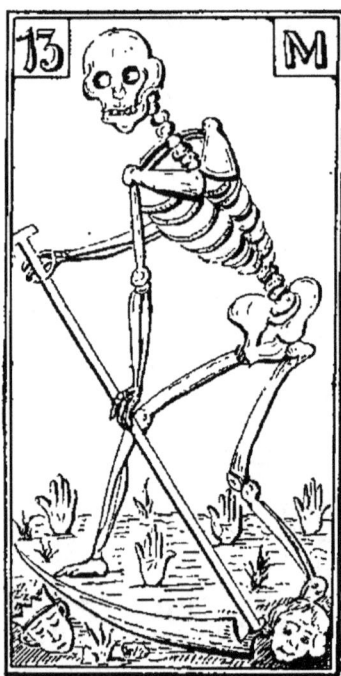

_____

1. *Histoire de la Magie*, Christian.

Année 1893.

Année terrible de luttes armées et de conflits ;
inimitiés puissantes, situation très tendue vis-à-vis
d'adversaires et d'ennemis
ouvertement déclarés, périls
graves, situation compro-
mise, chancelante, dangers
de chute.

Mais l'année 1893 est sous
la protection du Soleil, *votre
Tonique !* L'influence solaire
vous préservera de tout
danger et de tout insuccès
et l'arcane XIV (lettre N,
nombre 50) qui symbolise
la combinaison des forces
et des idées appliquée à
la solution des difficultés
de la vie, vous donne ce
suprême encouragement :

« Garde-toi de reculer devant les obstacles ;
use-les peu à peu comme la goutte d'eau use la
pierre ! L'initiative réfléchie, calme, droite, persé-
vérante, te donnera la possession de ce que tu

convoites et t'élèvera par degrés aux sommets que tu veux atteindre ! (1) »

Année 1894.

L'année 1894, placée sous l'influence de Saturne (♄), *votre Dominante,* marque l'apogée de votre carrière et comble toutes vos ambitions en vous apportant la réussite pleine et entière.

Une circonstance imprévue, *providentielle,* en vous assurant le concours de puissantes amitiés et les faveurs populaires, vous mettra au pinacle !

L'Arcane XV (Lettre X, nombre 60), Symboliquement représenté par un génie à tête de bouc s'élevant d'un gouffre embrasé, et agitant des torches, représente la Fatalité faisant explosion comme un volcan au milieu des ténèbres et du désordre des passions soulevées. C'est l'in-

1. *Histoire de la Magie,* Christian.

connu, le mystère, *la Prédestination!!..* dénouant
les faits de l'année précédente, toute de troubles
et d'agitation,

Si nous totalisons les nombres représentatifs des
six arcanes qui symbolisent les années que nous
venons de parcourir, nous obtenons $100 + 20 + 30 + 40 + 50 + 60 = 300$.

Or le nombre 300 correspond au nombre fatidique du XXI° arcane « *La Couronne des Mages*,
qui, représentant ici le résumé synthétique de cette
période de six années. vient compléter l'horoscope
par le symbole de la plus haute élévation à laquelle un homme puisse aspirer !

L'Arcane XXI est le talisman suprême de la fortune, *c'est le trône de Michaël, génie planétaire du
Soleil (votre Tonique)* !

Il est hiéroglyphiquement représenté par une
couronne de roses d'or entourant une étoile et
placée dans un cercle autour duquel se rangent à
égale distance, une tête d'homme, une tête de taureau, une tête de lion et une tête d'aigle. C'est le
signe dont se décore le Mage parvenu à l'Initiation, et mis par elle en possession d'un pouvoir
dont les degrés ascensionnels n'ont d'autres
limites que celles de son intelligence et de sa
sagesse.

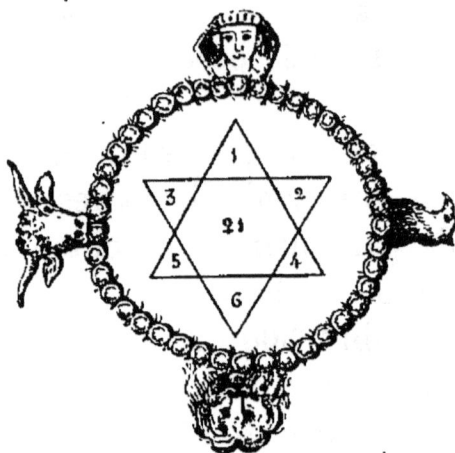

L'arcane XXI dit à l'Initié : « Souviens–toi, fils
« de la Terre, que l'empire du Monde appartient à
« l'empire de la lumière et que l'empire de la lu-
« mière est le Trône que la Providence réserve à
« *la Volonté sanctifiée.* Le bonheur est pour le
« Mage le fruit de la science du Bien et du Mal,
« mais la Providence ne permet de cueillir ce fruit
« impérissable *qu'à l'homme assez maître de lui-*
« *même pour s'en approcher sans le convoi-*
« *ter !...* (1) »

Particularité. — Second mariage plutôt profita-
ble au point de vue des intérêts que bien assorti.

_____

1. *Histoire de la magie,* Christian.

CHAPITRE IV

INTERPRÉTATION DES SIGNES ET DES NOMBRES GÉNETH-
LIAQUES PAR LA ROSE-CROIX, CLEF MAJEURE.

Prédestination.

Prédestination ! tel est le mot magique que nous apporte l'arcane XV, en proclamant la haute fortune que vous devez atteindre en 1894.

Cet arcane nous apprend qu'en naissant vous avez été voué par les lois occultes à l'accomplissement des secrets desseins de la Destinée et que votre mission est providentielle.

Que penser de cette déclaration ? Peut-on, sans déroger au bon sens, croire à la Prédestination ? C'est l'opinion des anciens Kabbalistes qui la considéraient comme un fait avéré et certain. Voici du reste comment s'exprimait à cet égard, dans le couvent maçonnique tenu à Paris le 10 mai 1785, Cagliostro, répondant aux objections du savant orientaliste Court de Gébelin (1) :

1. *Histoire de la magie*, Christian.

« Nous naissons tous *prédestinés*, disait le célè-
« bre hermétiste, et chacun de nous est voué par
« les lois occultes de la Sagesse incréée à une série
« d'épreuves plus ou moins fatales avant même
« qu'il n'ait essayé de faire un premier pas vers
« son avenir inconnu !

« Ne dites point qu'une pareille certitude, si elle
« pouvait exister, serait désespérante ; ne dites
« point qu'elle rendrait l'intelligence inerte, l'acti-
« vité sans but, la volonté inutile, et que l'homme
« découronné de ses facultés morales ne serait
« plus qu'un simple rouage *inconscient !*

« Toutes vos protestations n'empêcheront pas
« la *Prédestination* d'être un fait et le *Nom* d'être
« un signe redoutable.

« La plus haute antiquité savante croyait à cette
« alliance mystérieuse du *Nom* et de *l'Être*.

« Les Mages d'Egypte avaient confié ce secret à
« Pythagore qui le transmit aux Grecs.

« Dans l'alphabet sacré du Magisme, chaque
« lettre se lie à un nombre, chaque nombre cor-
« respond à un arcane, chaque arcane est le signi-
« ficateur d'une puissance occulte.

« Les vingt-deux lettres dont se compose le cla-
« vier du langage forment tous les noms, qui selon
« l'accord ou le combat des forces secrètes figurées
« par les lettres, vouent l'homme ainsi nommé

« aux vicissitudes que nous définissons par les
« termes vulgaires de *bonheur* et *d'infortune!*

« Vous me demanderez quelle relation peut
« exister de près ou de loin entre des lettres
« muettes, des nombres abstraits et les choses tan-
« gibles de la vie réelle? La nature n'a-t-elle pas
« d'autres mystères aussi impénétrables que nous
« admettons cependant sans conteste? La Provi-
« dence nous éclaire par les moyens qui convien-
« nent à sa Sagesse, et les plus simples sont tou-
« jours ceux qu'elle préfère. Ici c'est la parole,
« le *Verbe*, qui est l'instrument de la révélation
« fatidique! »

Pour achever de démontrer que les noms et les
nombres sont les fondements et les clefs du Sanctuaire des oracles, le grand taumathurge développait devant l'assemblée surprise de nombreux
exemples tirés de l'histoire.

Il citait la prédiction faite à Catherine de Médicis
par un astrologue italien ; les oracles formulés par
Ruggieri sur Henri III, Henri IV et Louis XIII ;
et devançant les temps, il ajoutait à ces citations
du passé ses propres prédictions, annonçant la
Révolution et les horribles catastrophes qui allaient
ensanglanter les marches du trône de Louis XVI.

Tout le monde connaît les étonnantes prophéties
qu'un vieux bénédictin de la rue du Puits-de-l'Er-

mite, nommé Pierre Le Clerc, fit à Philippe-Egalité, duc d'Orléans, à Charlotte Corday et au général Bonaparte.

La pourpre impériale ne fut-elle pas annoncée d'avance par une vieille négresse à Joséphine de Beauharnais ?

Que penser de ces expériences sybillines ? sont-elles vraiment des avertissements providentiels ou faut-il les considérer comme de simples jeux de hasard ?

L'auteur d'un livre bien curieux sur *l'histoire de la Magie, du monde surnaturel et de la Fatalité à travers les temps et les peuples*, M. P. Christian, un savant fort érudit, se charge de répondre à cette question :

« Les esprits superficiels qu'emporte le torrent
« des choses, n'y attachent aucune valeur ; mais
« je connais, dit-il, des esprits sérieux, éclairés,
« haut placés dans le monde, et qui, pratiquant
« eux-mêmes dans le secret du cabinet ces bizarres
« études, confessent à huis clos que nous sommes
« entourés d'insondables mystères.

« Il serait puéril de dire que ces sortes de pré-
« dictions ne peuvent se faire qu'après coup ;
« des milliers d'exemples sont à notre portée pour
« prouver le contraire, et malgré les protestations
« ou le dédain des esprits forts, il ne demeure pas

« moins vrai que le sort de l'homme peut être pro-
« nostiqué presque toujours par un simple énoncé
« de son individualité, du milieu dans lequel il
« est né, de l'acte qu'il veut accomplir ou du fait
« notable qui vient modifier sa position dans la vie.

« Et, ce qu'il y a de particulièrement singulier,
« ajoute M. Christian, c'est que plus un personnage
« a grandi, plus il pèse dans la balance des desti-
« nées historiques, mieux son avenir se dessine
« sous la simple phrase qui définit son état pré-
« sent. »

Quelque inexplicables que soient donc pour notre
esprit ces singulières choses qu'on nomme *Divi-
nation, Prédestination, Prophéties*, disons avec
notre grand écrivain Balzac, encore un fervent
adepte des sciences occultes :

« Gardons-nous de jeter l'anathème de l'igno-
« rance aux vérités qui nous échappent ; attendons
« que la lumière nous soit donnée ou rendue ! Au
« lieu de la nier, cherchons-la ! Elle est ou devant
« ou derrière nous !... »

Or, dans le cas présent, de quelque façon qu'on
interroge les forces occultes, quelques combinaisons que l'on fasse, la réponse du sort en ce qui
vous concerne est invariable, les oracles ne se dé-
mentent pas un seul instant, leurs témoignages
sont absolument concordants :

Dans la détermination de la Tonalité, Saturne (♄), *la Fatalité*, occupe la place de la Dominante.

Dans l'interprétation des signes de la main, la disposition particulière de la *Ligne de Chance* couronnée d'une étoile sur Saturne, la ligne partant de la Lune (☾) et venant doubler la Saturnienne, la ligne du Soleil, et principalement le *Sicle d'or* ou *Mars couronné* (ce talisman de la réussite si nettement tracé dans le quadrangle sous le mont du Soleil), sont autant de signes fatidiques affirmant la *Prédestination*.

Enfin dans la recherche des pronostics annuels, les arcanes XV et XXI sont une nouvelle confirmation de votre fortune et de votre mission *providentielles*.

Voilà, ce me semble, un ensemble de concordances bien fait pour ébranler l'incrédulité des plus sceptiques.

Mais ce n'est rien encore, et, si pour compléter ces singuliers rapprochements, nous traduisons en langage hiéroglyphique les lettres de votre nom, comme chaque lettre de l'alphabet sacré se lie à un nombre, que chaque nombre correspond à un Arcane, et que chaque Arcane rendu visible et tangible par une figure symbolique est la formule d'une loi de l'action humaine dans ses rapports avec les forces matérielles et spirituelles de la nature, nous trouverons dans l'interprétation de ces hiéroglyphes, par l'une des clefs majeures du Magisme, toute l'histoire de votre vie, passé, présent et avenir, et par suite la révélation la plus éclatante de votre prédestination.

Traduction hiéroglyphique des lettres du Nom.

B. Lettre Beïnthin —, nombre 2.

Arcane II. — LA PORTE DU SANCTUAIRE OCCULTE.

Symbolisme hiéroglyphique : — Une femme assise sous le portique du temple d'Isis entre deux colonnes. La colonne qui se dresse à sa droite est rouge, cette couleur symbolise l'*Esprit* et sa lumineuse ascension au-dessus de la Matière; la colonne placée à gauche est noire, cette couleur symbolise la nuit du chaos, la captivité de l'esprit dans les liens de la Matière. — La femme est couronnée d'une tiare surmontée du croissant lunaire et enveloppée d'un voile transparent dont les plis tombent sur la face. *Elle porte sur sa poi-*

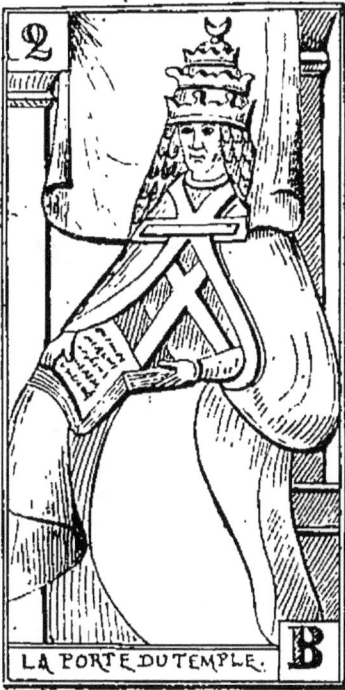

trine la croix solaire et sur ses genoux un livre ouvert qu'elle couvre à demi de son manteau.

C'est la figure de la « Science occulte » qui attend l'Initié au. seuil du temple pour lui. communiquer les secrets de la nature. — La *Croix solaire* signifie la fécondation de la Matière par l'Esprit ;

Le voile enveloppant la tiare et retombant sur la face, signifie que la *Vérité* se dérobe aux regards d'une profane curiosité. — Le livre à demi couvert du manteau signifie que les mystères ne se révèlent que dans la solitude et au sage qui se recueille dans la pleine possession de soi-même.

O. Lettre Olétath —,

nombre 70.

Arcane XVI. LA TOUR FOUDROYÉE.

·Symbolisme hiéroglyphique : — Une tour dont les créneaux sont brisés par le feu du ciel. — Un homme *couronné* et un autre sans couronne sont précipités de sa hauteur avec les débris de

l'écroulement. C'est le sym

LA TOUR FOUDROYÉE.

bole du conflit des forces perdues, des rivalités qui n'aboutissent de part et d'autre qu'à des ruines, des projets stérilisés, des espérances qui avortent, des ambitions foudroyées, des pouvoirs qui s'é-croulent, des morts par catastrophes, des dangers de toutes sortes.

U. Lettre Ur —, nombre 6.

Arcane VI. LES DEUX ROUTES.

Symbolisme hiéroglyphique : — Un homme de-bout, immobile, à l'angle où s'unissent deux routes ; ses regards sont fixés à terre, ses bras se croisent sur sa poitrine. Deux femmes, l'une à sa droite, l'autre à sa gauche, lui posent une main sur l'é-paule et de l'autre lui montrent une des deux routes.

La femme placée à droite a le front ceint d'un cercle d'or, elle personnifie la Vertu. — La femme placée à gauche est échevelée et cou-ronnée de fleurs, elle per-sonnifie le Vice.

LES DEUX ROUTES.

Au-dessus de ce groupe le génie de la Justice planant dans une auréole foudroyante tend son arc et dirige vers la personnification du Vice la flèche du Châtiment. — L'ensemble de cet hiéroglyphe exprime la lutte entre les passions et la conscience.

L. Lettre Luzain —, nombre 30.

Arcane XII. Le Sacrifice.

Symbolisme hiéroglyphique : — Un homme pendu par un pied à une potence qui repose sur deux arbres ayant chacun six branches coupées. — Les mains de cet homme sont liées derrière le dos, et le pli de ses bras forme la base d'un triangle renversé dont sa tête est le sommet. — C'est le symbole de la mort violente par un funeste accident, ou pour l'expiation d'un crime ; c'est aussi le sacrifice volontaire de la vie par un héroïque dévouement à la Vertu et à la Justice.

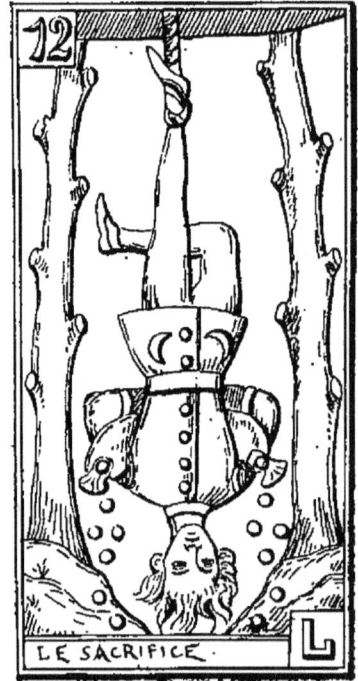

C'est encore l'image du sacrifice de tous ses intérêts privés à une grande cause qui peut être celle de l'humanité; les deux sacs pleins d'or placés sous les bras et qui laissent tomber leur contenu enseignent qu'il faut acquérir pour semer et non dans un but d'intérêt personnel et égoïste.

A. Lettre Athoïm —, nombre 1.

Arcane I. LE MAGE.

Symbolisme hiéroglyphique : — L'Initié aux mystères d'Isis. Il est debout, c'est l'attitude de la Volonté prête à se manifester par l'Action. — Il tient d'une main un sceptre d'or, symbole de l'intelligence créatrice et l'élève en signe d'aspiration à la science, à la sagesse et à la force ; de l'autre main il étend l'index vers le sol pour signifier qu'il veut dominer le monde matériel.

Devant lui, sur une pierre cubique, il y a une coupe, un glaive et un sicle d'or : la *Coupe*, symbole des désirs et des aspirations qui contribuent au bon-

heur ou au malheur selon que nous sommes leur
maître ou leur esclave ;

Le *Glaive*, symbole du travail, de la lutte contre
les obstacles et des épreuves que nous avons à subir;

Le *Sicle*, enfin, symbole des aspirations réali-
sées, de l'œuvre accomplie, de la puissance con-
quise par l'acte de la volonté.

N. Lettre Naïn —, nombre 50.

Arcane XIV. Les Deux Urnes ou le Génie Solaire.

Symbolisme hiéroglyphique : — Le Génie du

LES DEUX URNES.

Soleil versant d'une urne dans l'autre les essences

de la Vie. — C'est le symbole des combinaisons perpétuelles des forces élémentaires et de la succession de tous les modes d'existence ; c'est la combinaison des idées et les solutions qui en résultent.

G. Lettre Gomor —, nombre 3.

Arcane III. Isis-Uranie

Symbolisme hiéroglyphique : — Une femme assise au centre d'un Soleil rayonnant, elle est couronnée de douze étoiles et ses pieds reposent sur la Lune. C'est la personnification de la fécondité et de la génération universelle. Le Soleil est l'emblême de la puissance créatrice. — La couronne formée par les douze étoiles symbolise le cycle que parcourt la vie, d'année en année, comme le Soleil à travers le Zodiaque.

Isis-Uranie porte un sceptre surmonté d'un globe : c'est l'image de sa perpétuelle action sur le monde qu'elle gouverne. — De l'autre main elle porte un Aigle, symbole de l'âme et de la vie. — La Lune sous ses pieds figure la matière soumise à la domination de l'esprit.

C'est l'image de *la germination des actes qui procèdent de la volonté!*

E. Lettre Eni —, nombre 5.

Arcane V. LE MAITRE DES ARCANES.

Symbolisme hiéroglyphique: — L'Initiateur aux mystères d'Isis, assis entre les deux colonnes du Sanctuaire.— Il s'appuie sur une croix à trois traverses et trace avec la main droite sur sa poitrine le signe du recueillement. A ses pieds sont prosternés deux hommes couronnés, l'un vêtu de rouge, l'autre vêtu de noir. L'Initiateur ou Hiérophante, organe de la Science Sacrée, figure le Génie des bonnes inspirations de l'esprit et de la conscience. Son geste invite au recueillement pour entendre la voix du Ciel dans le silence des passions.

La colonne de droite symbolise la *Loi*, celle de

gauche la *Liberté* d'obéir ou de désobéir. La croix
à trois traverses figure le triple *Lingham* de la
théogonie indoue, c'est-à-dire le monde Divin, le
monde Intellectuel et le monde Physique.

Les deux hommes couronnés et prosternés aux
pieds de l'Initiateur figurent le génie de la Lumière
ou du Bien et le génie des Ténèbres ou du Mal qui
tous deux obéissent au *Maître des Arcanes.*

R. Lettre Rasith ―, nombre 200.

Arcane **XX.** Le Jugement.

Symbolisme hiéroglyphique : ― Un génie son-

nant de la trompette au-dessus d'un tombeau qui

21 Janvier 1889.

s'entr'ouvre. — Un homme, une femme, un enfant, symboles de la trinité humaine, se lèvent de leur sépulcre. C'est le présage d'un changement, d'une rénovation, c'est le grand jour du réveil spirituel et du jugement des consciences.

Tableau symbolique de l'horoscope. — Explication des neufs Cycles donnant le P..ssé, le Présent et l'Avenir.

Nous voici en possession de la traduction fidèle des neufs lettres de votre Nom en langage hiéroglyphique ; mais les lames du livre de Thot, ou *Tarot*, tant qu'elles restent isolées ne peuvent avoir qu'une signification vague et indécise ; pour en obtenir une interprétation précise il est indispensable de les grouper sous la règle dominante de figures spéciales auxquelles les Hermétistes donnent le nom de *Clefs majeures des Arcanes*.

La Clef majeure la mieux appropriée ici comme instrument d'interprétation est la Synthèse kabbaliste que les Hiérophantes portaient, comme insigne de la plus haute Initiation, suspendue au cou par une chaîne d'or et qu'on appelait « Rose-Croix ».

La Rose-Croix était une croix d'or au centre de laquelle se développait une Rose formée de neuf cercles, symbole du triple ternaire Divin, Intellec-

tuel et Physique, et qui portait entre les branches
quatre figures résumant l'image du Sphinx: un
Taureau, un Homme, un Aigle et un Lion.

Or, le Sphinx, *Alpha* et *Oméga* de l'Initiation
hermétique, symbole du degré suprême auquel
peut atteindre la force de la Volonté et de
l'Intelligence humaines réunies, était, on le sait, la
Clef explicative de toute énigme fermée; de plus,
le signe zodiacal de votre Nativité, le *Taureau*,
vous donnait déjà un point de contact avec le
Sphinx, et les neuf lettres de votre nom, correspon-
dant au nombre des cercles de la Rose, indiquaient
suffisamment le rapprochement analogique à faire.

Développons donc les neuf signes hiéroglyphi-
ques de votre Nom sur les neuf cercles de la Rose
en partant de la branche inférieure de la Croix et
en allant de l'orient à l'occident ; ces signes, par ce
seul fait, acquièrent instantanément une impor-
tance capitale en ce qu'ils deviennent les Clefs
explicatives de chaque Cercle et déterminent une
figure d'ensemble donnant la succession normale
de tous les faits de votre existence depuis votre
entrée dans la vie. (*Voir le Tableau symbolique.*)

Dans la période ascendante, depuis le point de
départ jusqu'au sommet de la Croix, chaque cercle
représente un cycle de douze années ; dans la période de déclin, le cycle n'est plus que de quatre

années, conformément à la loi de Révolution vitale qui veut que le mouvement s'accélère à partir du point culminant de l'existence.

Voici l'analyse de ces neuf cycles, donnant, pour le passé, le présent et l'avenir la succession précise de vos actes :

1er Cycle de 12 ans (de 1837 à 1849).

1er Cercle. Arcane II. LA PORTE DU SANCTUAIRE OCCULTE. Nombre 2, lettre B. — Trône de la Lune.

Période de Gestation et d'Incubation.

La conjonction du principe *actif* créateur (lettre I, Ioïthi —, gravée sur la branche inférieure de la Croix) et du principe *passif* (nombre 2 de l'arcane) apporte une heureuse influence à la Nativité.

Vous sortez du néant pour gravir les degrés du Temple d'Isis. La Science, assise entre les deux colonnes du portique, vous attend *pour vous initier à la mission que la Destinée va vous confier ;* elle vous avertit que la vie, avec ses épreuves sans nombre, a pour but *l'éducation de la Volonté*, et vous touchant au front de *sa croix solaire* elle vous dit : « Fils du Soleil, frappe et il te sera ouvert ! mais étudie longtemps la voie que tu dois pren-

dre. Tourne ta face vers le soleil de justice et la
Science te sera donnée. Garde le silence sur tes
desseins afin de ne point les livrer à la contra-
diction des hommes ! (1) »

2ᵉ Cycle de 12 ans (de 1849 à 1861).

2ᵉ Cercle. Arcane XVI. LA TOUR FOUDROYÉE.
Nombre 70, lettre O.—Trône de la Constellation
du Capricorne. Influence planétaire de Jupiter.

Période d'Épreuves matérielles.
(1ᵉʳ *degré de l'Initiation.*)

A peine sorti de la période d'Incubation vous
vous trouvez, comme tout Néophyte doit l'être à
ses débuts, en présence de l'épreuve physique. La
Destinée vous amène, comme les postulants à l'an-
tique Initiation, au pied du Sphinx redoutable et
vous ouvre la porte de bronze qui donnait accès aux
souterrains sacrés où s'accomplissaient les Mystères.

Dès vos premiers pas, elle éprouve votre constance et votre courage ; la mort vous touche de
près ; l'influence maléfique de la constellation du Capricorne met votre vie en danger par
blessure martiale; mais l'influence bénéfique de

1. *Histoire de la Magie,* Christian.

Jupiter vous vient en aide et le Taureau, votre signe de nativité, *par l'immunité spéciale qu'elle vous apporte,* vous préserve et vous sauve.

« Souffre, dit le Destin ; les jouissances dissipent « et appauvrissent ; souffrir c'est amasser ! Toute « douleur acceptée avec obéissance et résignation « est un progrès accompli ! »

Et le signe du Taureau, première figure du Sphinx, en conjonction avec l'arcane XVI, vous enseigne que l'homme doit, sous l'aiguillon d'une infatigable volonté, et sous le joug d'une patience à toute épreuve, creuser pas à pas le chemin qui mène au succès.

3ᵉ Cycle de 12 ans (de 1861 à 1873.)

3ᵉ Cercle. Arcane VI. LES DEUX ROUTES. Nombre 6, lettre U. — Trône de la Constellation du Taureau. Influence planétaire de la Lune.

Période d'Indécision et de Flottement. Exercice du Libre Arbitre. (2ᵉ degré de l'Initiation.)

Vous vous trouvez en présence du Bien et du Mal, de la Nécessité et de la Liberté, du Devoir et du Droit.

L'antagonisme des forces naturelles et l'enchaî-

nement des effets aux causes vous poussent et vous
attirent ; vous allez à droite, vous allez à gauche,
en un mot vous cherchez votre équilibre.

Nombreux déplacements, heurs et malheurs,
chances et revers, dangers, voyages par delà les
mers sous l'influence planétaire de la Lune, telles
sont du reste les déductions particulières, que l'on
peut tirer aussi, dans votre main, des deux Lignes
de chance dont l'une part du mont de la Lune.

L'arcane VI dit à l'Initié : « Prends garde à tes
résolutions, les obstacles barrent devant toi la
route du bonheur que tu poursuis ; les chances
contraires planent sur toi, et ta volonté chancelle
entre des partis opposés. L'indécision en toutes
choses est plus funeste qu'un mauvais choix,
avance ou recule, mais n'hésite pas ! »

La conjonction du symbole de l'Union des deux
Principes, l'actif et le passif (lettre Rasith, R, —
gravée sur la branche orientale de la Croix) avec le
signe zodiacal de votre Nativité, le Taureau, indique un mariage contracté dans des conditions qui
vous attirent du sort cet avertissement : « Une
chaîne de fleurs est plus difficile à rompre qu'une
chaîne de fer. »

4ᵉ Cycle de 12 ans (de 1873 à 1885).

4ᵉ Cercle, Arcane XII. LE SACRIFICE. Nombre 30.

Lettre L. — Trône de la Constellation de la Balance. — Influence planétaire de la Lune.

Période de préparation à l'Initiation par l'Etude.
(3° degré de l'Initiation.)

Après les hésitations de la période précédente vous entrez résolument dans la voie de l'enseignement du Devoir par le Sacrifice, afin d'obtenir. la Révélation de la Loi par l'Initiation définitive.

L'*Homme*, deuxième figure du Sphinx, qui se trouve en conjonction avec le *Sacrifice,* personnifie l'intelligence humaine qui, avant d'entrer par l'action dans l'arène de l'avenir, doit étudier le but de ses aspirations, les moyens de l'atteindre, les obstacles à éviter, les écueils à franchir.

L'influence planétaire de la Lune et celle de la Balance amènent de nombreux déplacements : voyages au delà des mers, missions diplomatiques, hautes situations, mais désaccords dans la famille et luttes conjugales.

L'arcane XII dit à l'Initié:

« N'attends qu'ingratitude de la part des hommes, mais va droit à ton but, accomplis ta mission, n'oublie pas que le dévouement est une loi divine et *qu'il faut savoir tout sacrifier à l'accomplissement d'une grande idée.* »

1er Cycle de 4 ans (de 1885 à 1889).

5e Cercle. Arcane I. LE MAGE. Nombre 1, lettre A.

Sommet de l'Horoscope. Initiation.

Après avoir gravi péniblement le premier versant de la vie, vous voilà parvenu au sommet.

Depuis le moment où vous avez franchi la 'porte
du Temple vous avez lutté contre les obstacles,
vous vous êtes affiné par l'Épreuve, vous avez
appris à vouloir et vous avez armé votre Volonté
de l'Expérience et du Savoir, vous avez subi les
trois ordres d'épreuves imposées à tout postulant,
épreuves physiques, intellectuelles et morales.

De Néophyte vous êtes passé Mage.

Vous avez le Sceptre, l'Épée, la Coupe et le
Sicle d'or, insignes de l'Initiation que vous venez
de recevoir et de l'autorité qu'elle vous confère; le
Sicle d'or vous le portez gravé dans le quadrangle
de la main, au-dessous du mont du Soleil. Vous
avez conquis l'*Absolu* ; vous connaissez enfin l'*U-
nité*, principe et synthèse des nombres, et vous
possédez la *Volontée éclairée*, principe des actes.

Arrivé au point de la Croix où se répète l'Ioïthi
I (—), signe du principe actif créateur, vous vous
retrempez de nouveau dans ce principe pour con-

tinuer à vous élever par une expansion progressive
vers le but qui vous est fixé par la Destinée.

Elle vous dit : « Une ferme volonté et la foi
en toi-même, guidées par la Raison et l'amour de
la Justice, te conduiront au but et te préserveront
des périls du chemin !

« Mais n'hésite pas un seul instant à sacrifier tout
ce qui peut entraver ta marche : le renoncement aux
biens de ce monde est quelquefois commandé par
les circonstances. »

2ᵉ Cycle de 4 ans (de 1889 à 1893).

6ᵉ Cercle. Arcane XIV. Les Deux Urnes ou le
Génie Solaire. Nombre 50, lettre N. — Trône
de la constellation du Scorpion. Influence planétaire du Soleil.

*Période de combinaison et de recueillement.
Préparation à l'Initiation Supérieure.*

Vous voici arrivé à la période où il vous faudra
mettre en œuvre toute votre science, toute votre
volonté et toute votre diplomatie, c'est le moment
de combiner les forces et les idées pour en tirer les
solutions qu'elles comportent.

La conjonction de l'Aigle (3ᵉ figure du Sphinx)
avec le Génie Solaire (votre Tonique) signifie

4

qu'il faut envelopper d'un voile épais vos desseins jusqu'au moment d'agir avec une résolution qui s'élance au besoin sur les hauteurs de l'audace.

La lettre —, N, de l'arcane XIX (signe du principe *passif*), l'influence de la constellation du Scorpion et l'Aigle symbolique de la Croix, tout vous invite à opposer aux obstacles que vous rencontrerez, aux adversaires que vous aurez à combattre, *la force d'inertie la plus absolue*. Vous tenterez l'union des esprits et des partis, mais non par la fusion. Car le Sage sait bien, à l'encontre de ce que la science nous enseigne, que 3, nombre de l'équilibre, n'est point la somme de $1 + 1 + 1$, quantités égales entre elles, mais la réunion de deux antagonismes: $1 + 2$, c'est-à-dire l'union du principe actif et du principe passif, et vous appliquerez la Mathématique du Magisme à la constitution de la Tonalité Sociale en recherchant le point d'équilibre où peut venir se régler le mouvement des antagonismes.

L'opposition du sixième Cercle avec le deuxième qui est *la Tour foudroyée*, signifie grandes inimitiés, trahisons, embûches, péripéties et dangers, mais vous êtes ici sous la double influence solaire et l'arcane XIV, déjà sorti dans les pronostics annuels, en vous signalant ces difficultés vous encourage encore à les surmonter: « Consulte, vous dit-il, tes forces morales et physiques, non pour reculer devant les obstacles, mais pour les user comme la goutte d'eau use la pierre ! »

Enfin le signe du Scorpion apporte veuvage ou divorce avec la perspective d'une deuxième union.

3e Cycle de 4 ans (de 1893 à 1897).

7e Cercle. Arcane III. Isis-Uranie, nombre 3.
Lettre G. — Trône de Vénus.

Période d'Action et de Fécondation
Initiation Supérieure.

Vous voici arrivé au moment de franchir le plus haut degré de l'Initiation ; mais avant de pénétrer dans le sanctuaire du Temple pour recevoir la Lumière, le Mage était soumis à une dernière et terrible épreuve.

Les calculs des pronostics annuels, qui n'ont rien de commun avec ceux-ci, nous ont appris déjà en effet que l'année 1893, qui ouvre cette période, sera pour vous un moment critique à passer *une sorte de baptême à l'Initiation supérieure*, l'année suivante (1894) vous apportant avec *la Couronne des Mages* le pouvoir le plus élevé et le secret du Sphinx.

Au milieu donc du fracas du tonnerre et des éclairs, dans le chaos et l'horreur des ténèbres de

1893 le voile du Sanctuaire se déchirera vio-
lemment, et à vos yeux éblouis apparaîtra Isis-
Uranie sur son trône de lumière, comme elle
apparaissait au Mage soumis à ces dernières et
suprêmes épreuves, le sceptre en main, couronnée
des douze étoiles et dominant l'Aigle et la Lune.
C'est le symbole du triomphe de la volonté et de
l'intelligence sur les forces matérielles coalisées,
c'est l'image de la germination finale des actes
qui procèdent de la volonté et de la science.

La conjonction d'Isis-Uranie avec le signe gravé
sur la branche occidentale de la Croix (la lettre —
N, principe passif), en unissant deux signes de même
valeur, confirme la fécondation des éléments par le
travail de la nature.

Mais l'opposition du septième Cercle avec le
troisième, *les Deux Routes*, vous met en garde
contre certaines indécisions ou fausses manœu-
vres au moment de l'épreuve précédant l'Initiation et contre certains entraînements provoqués
par l'influence prépondérante de Vénus, qui vous
portent fatalement vers la consommation d'une
nouvelle union.

Aussi le Destin, par la voix de l'arcane III, vous
donne-t-il cet avertissement quelque peu ambigu :
« Vouloir le possible c'est créer, vouloir l'impos-
« sible c'est se vouer soi-même à la destruction.

« Espère le succès complet si tu sais joindre l'action
« fécondante à la prudence et à la rectitude de l'es-
« prit qui fait fructifier les œuvres ! (1) »

4ᵉ Cycle de 4 ans (de 1897 à 1900).

8ᵉ Cercle. Arcane V. LE MAITRE DES ARCANES. Nombre 5, lettre E. — Trône du Bélier. Influence
planétaire de Mars.

Période de Suprématie.

Vous avez reçu toutes les Initiations, vous avez
gravi successivement tous les degrés du Temple et
vous avez enfin pénétré dans le Sanctuaire .

De simple *Initié* vous voici élevé au rang suprême d'*Initiateur !*

Maître des Arcanes, vous vous asseyez sur le
trône du Hiérophante placé entre les deux colonnes
du Sanctuaire et vous tenez en main le Sceptre
mystique qui vous livre le secret du triple ternaire
de la Rose et du quaternaire du Sphinx dont les
mots magiques sont : *Vouloir, Savoir, Se taire,
Oser !*

---

1. *Histoire de la Magie*, Christian.

Les deux hommes couronnés, qui se prosternent devant vous, témoignent que vous avez su faire l'union politique, religieuse et sociale des partis. — Vous avez résolu l'important problème de l'*Equilibre des Antagonismes!*

Vous voici donc en possession de la Toute-Puissance; mais gardez-vous bien de croire que vous êtes arrivé au but. La Lumière Astrale, ce feu du Ciel mis par la nature au service de la Volonté omnipotente du Maître des Arcanes est un feu redoutable qui féconde ou détruit, éclaire ou foudroie! Malheur à l'imprudent ou au téméraire qui ne sait pas s'en servir ou qui en abuse!

L'opposition de l'arcane XII, en vous remettant sous les yeux l'image du *Devoir* et du *Sacrifice*, rappelle au Tout-Puissant arrivé au Pinacle les engagements et les promesses du Postulant à l'Initiation. L'Arcane XII ainsi placé vous dit : « N'oublie pas le but à atteindre, continue à te dévouer sans faiblesse et sans arrière-pensée à l'œuvre que tu dois mener à bonne fin ! Sans quoi, tu serais foudroyé par ta propre puissance et sur ta route tu ne trouverais pas de pire ennemi que toi-même ! Recueille-toi donc dans le silence et la solitude, une voie intérieure te parlera; que ta conscience lui réponde ! »

En outre, par suite des affinités occultes qui nous

lient aux nombres, ces nombres, se présentant alternativement à nous comme des puissances maléfiques ou bénéfiques, il en résulte que chacun de nous a ses chiffres fatidiques :

Les vôtres sont 7 et 9.

7, nombre sacré de la série, est le nombre de l'équilibre et de l'harmonie, le symbole de la domination des éléments par l'Esprit et la Volonté, *c'est le nombre Solaire*, puisqu'en optique, synthétisant toutes les couleurs, il donne le rayon blanc ; sept est représenté hiéroglyphiquement par *le Char d'Osiris* attelé du sphinx blanc et du sphinx noir, symbolisant ainsi la conquête du Bien et l'asservissement du Mal à la puissance du Mage qui a triomphé des Epreuves.

LE CHAR D'OSIRIS.

9, nombre sacré de l'Initiation, est le Symbole de la Circonspection et de la Prudence ; il est hiéroglyphiquement représenté par *l'Ermite* marchant prudemment appuyé sur son bâton et cachant sous son manteau sa lampe allumée.

L' ERMITE.

7 et 9 sont vos chiffres génethliaques, car on compte *sept* lettres dans votre prénom *Georges* et *neuf* dans votre Nom ; de plus l'addition kabbalistique des arcanes représentatifs du mot Georges donne le total $28 = 4 \times 7$ ou un multiple de 7, et l'addition kabbalistique des arcanes de votre nom donne le total 34 ou $3 + 4 = 7$.

Toutes les fois, du reste que le chiffre 7, par lui-même ou ses multiples, apparaît dans les dates de votre existence ou dans le résultat des calculs kabbalistiques qui vous concernent, vous pouvez compter sur le succès, c'est le Char d'Osiris venant prendre le triomphateur !

Il n'en est pas de même quand 9 et ses multiples se montrent ; c'est le présage au contraire d'un moment difficile à passer, c'est l'Ermite qui vient vous dire : « Prends garde, la prudence est l'armure du sage ; souviens-toi que si la parole est d'argent le silence est d'or. La Circonspection seule peut te faire éviter les écueils et les abîmes ou pressentir les trahisons ! prends-la pour guide en tous tes actes, même dans les plus petites choses ; rien n'est indifférent ici-bas ; un simple caillou peut faire verser le Char d'Osiris et briser les destinées d'un homme et d'un empire ! (1) »

Or l'année 1899 du huitième Cercle de votre existence est l'année où vous devez atteindre à vos 63 ans. L'Ermite apparaît ici de tous côtés : d'une part le millésime contient 3 fois le nombre 9 et $27 = 2 + 7$ ou 9 ; d'autre part $63 = 7 \times 9$ c'est-à-dire *l'antagonisme de vos deux chiffres génethliaques* et $6 + 3 = 9$, de même que $6 \times 3 = 18$ multiple de 9 dont le total donne encore $1 + 8 = 9$. Enfin les deux totaux des arcanes de votre nom et de votre prénom $28 + 34$ donnent par leur addition le nombre 62 représentant le total des années par-

1. *Histoire de la Magie*, Christian.

courues par vous au moment où s'ouvrira l'année 1899.

Tout concourt donc à présenter 1899 comme un des points les plus importants de votre existence; le pronostic me paraît même menaçant. Car non seulement ce grave événement est marqué dans votre main sur la ligne de vie, mais nous nous trouvons dans ce huitième cercle en présence du Lion (4ᵉ figure du Sphinx), et non pas du Lion couché et inoffensif, mais du Lion debout et rugissant prêt à l'attaque, car il se présente sous les signes redoutables de Mars, ♂ et du Bélier, les deux influences les plus agressives de l'Olympe et du Zodiaque.

Qu'arrivera-t-il en 1899 ? C'est le secret du destin ! La Providence, dans sa sage prévoyance, ne nous donne pas toujours le dernier mot de ses desseins, elle se borne à nous indiquer les écueils pour que nous puissions les éviter.

Si vous voulez sortir triomphalement du 8ᵉ Cercle sur le *Char d'Osiris* pour pénétrer dans le neuvième, véritable but de votre mission et prix de vos efforts, il vous faudra tenir un compte sérieux des avertissements que vous donne l'Ermite et suivre ses sages conseils.

J'ai bon espoir que vous triompherez de cette dernière et suprême épreuve, car vos deux totaux génethliaques 28 et 34, additionnés kabbalistiquement 2 + 8 + 3 + 4 donnent le nombre 17 qui représente en quelque sorte la synthèse magique de votre individualité.

Or, 17 correspond à l'*Etoile des Mages*, hiéroglyphiquement représentée par une jeune fille nue qui épanche sur la terre aride les fluides de la Vie universelle, c'est l'Espérance ; une étoile flamboyante à huit rayons entourée de 7 autres étoiles la couronne, près d'elle un papillon se pose sur une rose, emblème de la Rose-Croix, Clef majeure des Arcanes, qui nous a précisément servi à expliquer votre destinée.

L'arcane XVII vous dit :

« Dépouille-toi de toute passion et de toute erreur, et suis-moi, je suis l'apocalypse des Destins fermée des sept sceaux mystiques ! je suis le rayon de la divine lumière qui jaillira du Sanctuaire occulte pour dissiper les ténèbres de ton avenir !

« Quoi qu'il advienne, ne brise jamais la fleur de

l'Espérance et tu recueilleras sûrement les fruits de ta Foi en Moi! » (1)

Dernier Cycle (Durée indéterminée.)

9e Cercle, Arcane XX. LE JUGEMENT.
Nombre 200, lettre R. Trône de Saturne.

Période d'accomplissement, Nirvâna.

Guidé par l'*Etoile des Mages*, qui a éclairé votre vie depuis votre naissance, vous pénétrez enfin sur le *char d'Osiris* dans le neuvième Cercle qui, par sa position centrale sur l'axe du Ioïthi sacré, nous enseigne que tout ce qui émane du principe actif créateur doit revenir fatalement se perdre en son sein ; la Rotation éternelle du Mouvement s'accomplissant ainsi selon la loi de Création.

C'est le jour du Jugement des consciences et du Réveil spirituel amené par les événements importants de la période précédente, événements qui trancheront l'Indécision de l'avenir en amenant une grande Rénovation sociale.

Saturne ♄ (votre Dominante), sur son trône et l'arcane XX vous disent :

« L'appel s'est fait entendre, et le jour est venu ! Ta mission providentielle est accomplie, selon les

—————
1. *Histoire de la Magie*, Christian.

volontés du Destin. Tous les problèmes agités depuis longtemps ont trouvé leur solution. Tu as fait l'accord et l'apaisement des partis et après un long martyre la France victorieuse et miraculeusement ressuscitée impose la paix au monde ; au règne de la Force et de l'Iniquité succède enfin le règne de la Justice et du Droit. »

Et ainsi s'accomplira la prédiction formulée dans le Traité des « Causes secondes » (1), admirable Clef apocalyptique de toutes les prophéties passées et futures, dont l'auteur est le célèbre professeur de Cornélius Agrippa, l'abbé Trithème, de l'ordre des bénédictins :

« En l'an de grâce 1899, le 14e jour du mois de novembre après trois siècles et demi d'angoisses et trois siècles et demi d'espérances, naîtra sous l'influence du génie solaire Michaël une ère nouvelle qui apportera au monde 354 ans et 4 mois de bonheur et de paix !

« Cette ère nouvelle appartenant au règne du Soleil, *son fondateur sera un Solaire !* »

AVE, MICHAEL, AUGURES TE SALUTANT!!!

Paris, le 21 Janvier 1889.

1. *De Septem Secundeis id est intelligentiis sive Spiritibus orbes post Deum moventibus.*

5

TABLE DES MATIÈRES

1. On trouve chez MM. Benque et Cᵒ, photographes, rue Boissy-
d'Anglas, Paris, des reproductions photographiques de ce
tableau symbolique en différents formats.

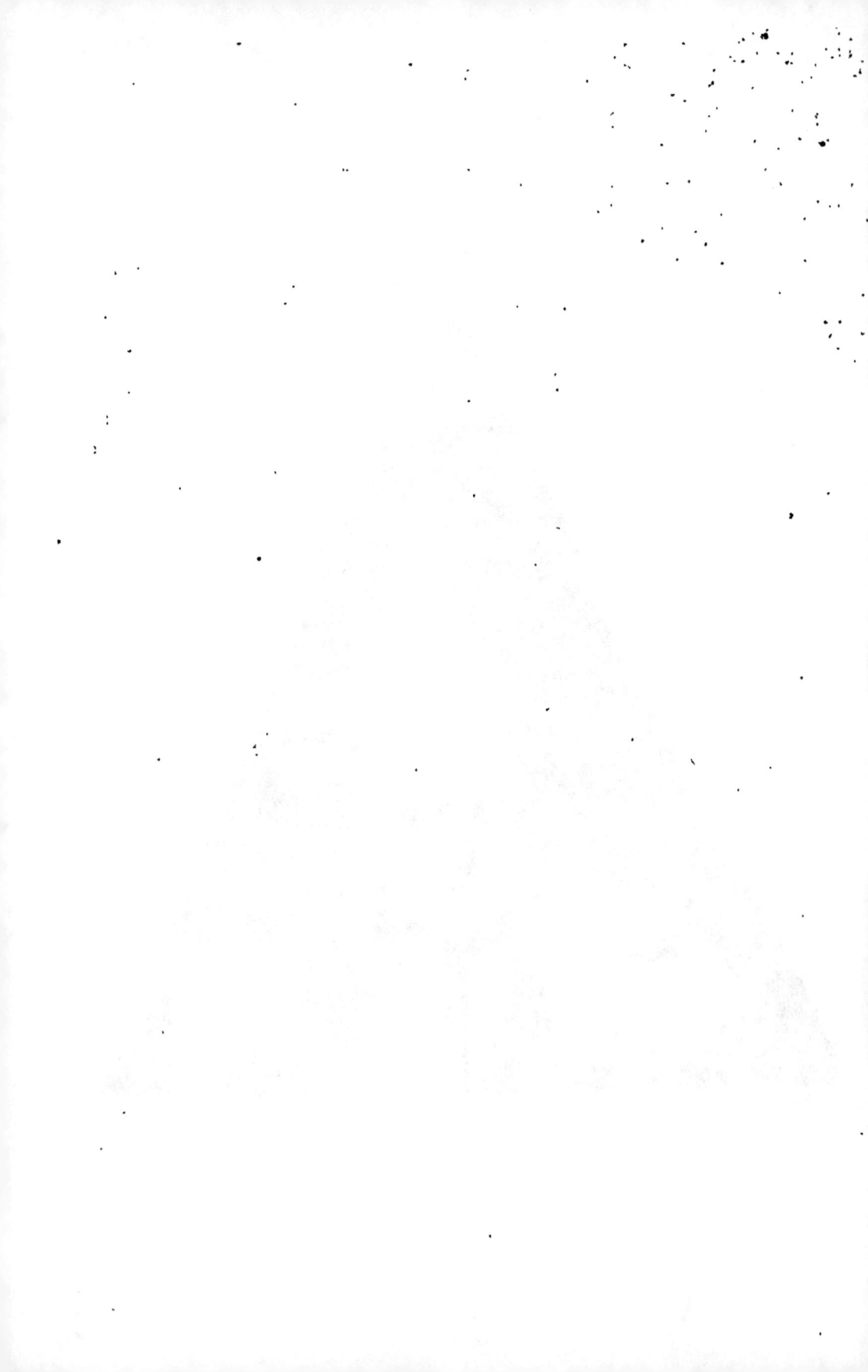

www.ingramcontent.com/pod-product-compliance
Lightning Source LLC
Chambersburg PA
CBHW070132100426
42744CB00009B/1801